AF286218

1

Angelika Trümper

Kohlsuppe

und

Kaviar

Gereimtes und

ungereimtes Leben

Bibliografische Information Der Deutschen Bibliothek:

Die Deutsche Bibliothek verzeichnet diese Publikation in der deutschen Nationalbibliografie;
detaillierte bibliografische Daten sind im Internet über http://dnb.ddb.de abrufbar

Impressum:
Copyright 2010 Angelika Trümper
Layout und Zeichnungen : A.-K. Trümper
Herstellung und Verlag:
BoD-Books on Demand, Norderstedt
ISBN 978-3-8423-3267-6

Inhalt   Seite

So

ist

das

Leben ...

die alltägliche politische Verwirrung

„Alpdruck"

Geld regiert die Welt?

Ich dachte Menschen…

Yes, we can!

        Jawoll!

We should!

        Gell!?

But – who ?

Wozu diese Aufregung?

Herr Sellering (Ministerpräsident Meck.-Pom.)

hat doch nur gesagt,

dass nicht *alles* schlecht war

in der ehemaligen DDR.

Das ist doch richtig.

Der Lebensstandard von

Herrn und Frau Honecker z.B. war doch

nicht schlecht, oder…?

Herr Dr. Kohl

muss wirklich geglaubt haben,

dass in Ostdeutschland

alle Probleme gelöst sind,

wenn jeder täglich

seine Banane kaufen kann…

Schade, dass nicht,

wie von den Politikern versprochen,

die Arbeitslosenquote halbiert,

sondern stattdessen

die Anzahl der Konkurse

verdoppelt wurde.

In Deutschland Anfang 2000

einen Arbeitsplatz zu finden,

ist doch wirklich kein Problem.

Die gängigen Anforderungen:

nicht älter als 25 Jahre,

langjährige Berufserfahrung,

Studium mit Auslandsaufenthalt

und Garantie auf Gesundheit

während der Dauer des Arbeitsvertrages

sollten mit etwas Einsatz und Kreativität

doch wohl für jedermann und -frau

zu erfüllen sein.

Neue Überlegung zur Eindämmung

der Arbeitslosenzahlen:

die Deutschen haben zu viel Urlaub.

Na ja, vielleicht würden 10 Tage

auch reichen. Sicher. Vor einigen

Jahrzehnten gab es noch gar keinen

Urlaub. Damals sind allerdings auch

wesentlich häufiger Arbeitnehmer mit

kaum 50 Jahren gestorben.

Wie dumm, dass wir daran

nicht früher gedacht haben:

das würde ja die Probleme

mit den nutzlosen über-50-jährigen

Langzeitarbeitslosen und den Renten

auf einen Schlag lösen.

Welch wunderbarer Gedanke!

„Mobbing" – wie schön,

dass es jetzt

diese englischen Wörter

in unserer Sprache gibt.

Das lässt sich doch

viel leichter sagen als

„Keiner gönnt dem anderen etwas."

Eine der letzten Talk-Shows

zu den Themen Hartz IV und

Langzeitarbeitslosigkeit bei Älteren

machte deutlich,

dass viele Politiker sich in

der Geschichte besser auskennen

als in der Realität,

denn sie meinen:

wenn die Leute kein Brot haben,

sollen sie doch Kuchen essen!

Zappe gerade in eines

dieser Fernseh-Magazine

und höre die köstliche Geschichte,

dass in Mecklenburg-Vorpommern

bei Hartz IV Empfängern

für jedes Kind pro Tag

2,75 € für Essen und Trinken,

für die Schule 0,45 €

und die Freizeit 0,04 €

vorgesehen sind.

Sind Fernsehanstalten nicht

eigentlich verpflichtet,

unter solchen Beiträgen

das Wort *„Satire"* einzublenden ?

Diskussion über Millionenzahlungen für

Bankmanager im Gegensatz zur Erhöhung der

Hartz IV – Bezüge um 5,00 €.

Ein Teilnehmer ereifert sich: "Das ist eben der

Kannibalismus! Äh – nein, der Kapitalismus!"

Wir sollten uns wieder

die Mühe machen,

einen Menschen nach

seinem Charakter

zu beurteilen,

nicht nach

Leistungsstand und Vermögen.

Herr Westerwelle ist Außenminister!

Wie lange hat man in Deutschland niemanden

so strahlen sehen!

Na klar, freuen kann man sich ja mal.

Vor allem darüber, dass man nun alle

Wahlversprechen einlösen kann.

Naja, versprechen kann man sich ja auch mal….

„ Deutschlandlied"

Frau Merkel im Osten,

Frau Merkel im Westen,

Frau Merkel in London, Paris, USA,

Frau Merkel in Israel, Belgien, Polen,

wo's was zu tun gibt: Frau Merkel ist da.

Glasklar durchblickt sie jedes Problem -

nur den Verfall Deutschlands hat

sie noch nicht geseh'n.

Frau Dr. Merkel trägt

immer öfter schwarz.

Das zeugt wenigstens von Takt,

wenn sie wieder einmal

ein Wahlversprechen

zu Grabe trägt.

Im Restaurant. Große Tafelrunde

mit 12 Erwachsenen und 4 Kindern.

Nach gähnender Langeweile

entbrennt unter den Kindern

ein heftiger Streit.

Der Vater greift ein: "Könnt ihr euch

nicht vernünftig unterhalten?

Das kann doch nicht so schwer sein!"

Der Mann hat noch keine

Bundestagsdebatte verfolgt.

Die Dauer der Tarifverhandlungen

bei der Bahn drängt die Verantwortlichen

nicht zu schnellerem Vorankommen.

Sie sind Verspätungen halt gewohnt.

In gleichem Maße

wie der materielle Wohlstand

steigt häufig die emotionale Verarmung.

...

manchmal

auch

so...

das mutierende Gesundheitswesen

Zum Thema Krankheit

haben manche Menschen

leider

kein gesundes Verhältnis.

Unser Gesundheitswesen

gleicht einer Autoimmunkrankheit:

es frisst sich selber auf.

Welch ärgerlich vertane Zeit!

Nachdem durch Forschung, Medizin

und Aufklärung der Bürger

über gesunde Lebensweise

die durchschnittliche Lebenserwartung

auf 75 Jahre gesteigert wurde,

muss nun der Bürger

davon überzeugt werden,

im Interesse der nicht zu verantwortenden

steigenden Staatsverschuldung

hiervon keinen Gebrauch zu machen...

Gentests ermöglichen neuerdings, festzustellen,

wie hoch die Veranlagung

zur Entwicklung von Erbkrankheiten

beim einzelnen Menschen ist.

Dies soll auf Chipkarten festgehalten werden.

Um Arbeitgebern die Auswahl zu erleichtern,

sollten wir danach die Menschen,

 wie andere Handelsware auch,

nach Ge- und Verbrauchsnutzen

gleich in Güteklassen A, B, C usw.

(eventuell inklusive Mindesthaltbarkeitsdatum)

einteilen.

Eine einzige Konstante

ist allem Lebenden gemein:

die nächste Sekunde

ist nicht planbar.

...

    oder

        so

           ...?

Über das liebevolle Miteinander und Füreinander

Zu schade,

dass es heute

so viele Fremdwörter

in unserer Sprache gibt,

die niemand mehr versteht –

wie zum Beispiel

Menschlichkeit,

Uneigennutz,

Güte.

„Solidarität"

Lieben wir an den

Donald Duck - Geschichten

eigentlich mehr die

„Kleine - heile - Welt"

oder die Genugtuung,

zuzusehen,

wie mal ein anderer

etwas auf die Nase bekommt?

Gute Freunde

erweisen sich

in der Not.

Um niemanden

zu kompromittieren

versuche,

möglichst nicht

in Not zu geraten.

Wohin?

„Orientierungslos", denke ich,

als ich eine ältere? alte? Frau

mit einem abgestoßenen Marktroller

langsam die Straße entlang tapern sehe.

Manchmal bleibt sie stehen –

ist sie krank oder weiß sie nicht, wohin?

Ihr leerer Blick schweift ohne Ziel umher.

Was bedeutet orientierungslos?

Dass die Richtung gleichgültig geworden ist,

dass man nicht mehr weiß, wohin man gehen soll,

weil man kein Heim – keine Heimat – keine

Beziehungen mehr hat?

„Kein Dach über´m Leben?" *)

Oder orientierungslos,

weil man sich in diesem seinem Leben

nicht (mehr) zurechtfindet,

die Spielregeln nicht versteht,

die Brutalität, die Gier, das Machtstreben,

das Ausbeuten und Unterdrücken des Gutmütigeren,

Schwächeren oder an unserer karriereorientierten

Wegwerfgesellschaft Kaputtgegangenen?

Oder orientierungslos

durch Krankheit, Demenz, Verwirrtheit,

die nicht wahr- oder ernstgenommen wird,

fehlender Hilfe, Verständnislosigkeit

und zerstörtem Vertrauen?

Wohin wird die Frau gehen?

Kann sie jemals ankommen

in unserer pseudo-sozialen Spaßgesellschaft?

*) Kein Dach über'm Leben. Werkkreis Literatur der Arbeitswelt (Fischer TB)

Hinsehen -

Grauen
Entsetzen
Panik

    Fassungslosigkeit
    Hilflosigkeit
    Angst

Gleichgültigkeit
Egoismus
Feigheit

    Ignoranz
    Intoleranz
    Kälte

- lieber

wegsehen

Warum

behandeln Menschen

sich nicht gegenseitig

wie Menschen?

Ist eigentlich

„einsam"

aktiv oder passiv?

Wenn es nur

einen Menschen gibt,

den du liebst,

der an dich denkt

oder

dem du etwas Gutes tun kannst –

ich glaube,

dann lohnt es sich

zu leben.

Ein Kind lacht,

wenn es sich freut.

Ein Kind weint,

wenn es traurig ist.

Ein Kind umarmt dich,

wenn es dir vertraut.

Wo kommen bloß

die Erwachsenen her?

- unbegreiflich -

auch

so...

Friedenswunsch oder -wille?

Wer immer noch

der Annahme nachhängt,

„der Mensch ist von Natur aus gut",

hat noch nie

Krabbelkinder in der Sandkiste

beobachtet.

Warum bloß werden

für Hunderttausende

von Euros Gruselfilme

gedreht?

Sehen wir uns doch

die Wirklichkeit an.

Weihnachten 1990

(Mauerfall und Golfkrieg)

das ist Frieden,
Freude,
Kaviar;
      Deutschland ohne Mauer,
      Umbruch,
      Abrüstung;

Umarmungen ohne Abschiedswehmut,
Kaufrausch,
Wohlstand,
Übersättigung.

Weihnachten 1990
das ist Besetzung,
Einberufung,
Angst;
      Größenwahn,
      Irrglaube,
      Fanatismus;

Kinder ohne Väter,
Menschen auf der Flucht,
Hunger.

Das sind Gedanken, eingebettet in
Tannengrün und Lichterglanz,
des Bundespräsidenten Weihnachtsansprache,
Glaube und Aberglaube,
Illusionen und George Bush's Ent-täuschung.

Ostern 2004

das ist Unzufriedenheit,
Geiz,
Habgier;
    Deutschland braucht eine Mauer,
    Umbruch,
    Aufrüstung von ganz rechts und ganz unten;

Umarmungen nicht ohne Hintergedanken,
Kaufrausch,
Protzerei,
Übersättigung.

Ostern 2004
das ist Besetzung,
Einberufung,
Angst;
    Größenwahn,
    Irrglaube,
    Fanatismus;

Kinder ohne Väter,
Menschen auf der Flucht,
Hunger.

Das sind Gedanken, eingebettet in
Lammbraten und Osterfeuer,
des Papstes Segen urbi et orbi,
Glaube und Aberglaube,
Illusionen und George W. Bush's Ent-täuschung.

Lernen wir wirklich nie dazu?

All unsere

Begabungen und Fähigkeiten,

die uns geschenkt wurden,

sind sinnlos verschleudert,

wenn wir sie nicht einsetzen.

um Freiheit und Gleichheit

für alle Menschen zu schaffen.

Wie gut,

dass zweifelsfrei feststeht,

dass der Mensch

das höchste Lebewesen

auf Erden ist.

Das enthebt ihn

aller Bemühungen,

dieses Titels

gerecht zu werden.

Es ist schön,

dass wir manches vergessen können,

aber wir sollten besser sortieren,

was wir vergessen dürfen.

In Affenherden gibt es

Zank und Streit,

Revier- und Machtkämpfe,

Mord und Totschlag,

sogar Kindesentführung.

Wie wohltuend hebt sich

die menschliche Rasse,

die ihre Probleme durch

Beherrschung und Einsatz

von Sprache und Verstand löst,

von diesen primitiven Lebewesen ab.

Werte

oder : wer ist's wert?

Habemus papam!
Wir haben einen Papst!
Nein : "Wir sind Papst!"
Welch ein Event!
Papa, wir beten dich an!

Habemus deum.
Wir haben einen Gott.
Das wird stimmen,
denn es steht sonntags
in manchen Zeitungen.
Lieber Gott, in Notzeiten beten wir dich an.

Habemus Jesum?
Oh doch, das glauben wir,-
sonst gäbe es womöglich
keine Weihnachtsgeschenke mehr…

In einem Philosophiebuch

lese ich gerade:

wissenschaftliche Gottesbeweise

sind nicht möglich.

Die braucht es auch nicht.

Das Bodenpersonal allein

hätte längst jeden Gedanken

an die Ereignisse von vor 2000 Jahren

zunichte gemacht.

…

auf

jeden

Fall

so…

was sind wir uns noch wert?

„Klassenziel verfehlt"
(Untergang der Werte in 4 Akten)

1.Volksschule 1960

Das „Geburtstagskind" wartet nach der großen Pause,

bis es in die Klasse gerufen wird.

Die Mitschüler haben seinen Platz mit Blumen, Süßigkeiten

und einer Kerze geschmückt.

Die Lehrerin stimmt das Lied an:

„Viel Glück und viel Segen auf all deinen Wegen,

Gesundheit und *Frohsinn* sei auch mit dabei."

2.Grundschule 1980

Das „Geburtstagskind" kann kaum die Klasse betreten, denn

die Mitschüler reißen ihm die Tüten mit Süßigkeiten,

die es ausgeben soll, aus der Hand. Die Lehrerin stimmt das Lied an:

„Viel Glück und...

Gesundheit und *Wohlstand* sei auch mit dabei."

3.Hauptschule 2000

Zeitdruck und Probleme durch die

unterschiedlichen Nationalitäten lassen kaum noch

Platz zum Vermitteln und Erlernen eines

freundschaftlichen Miteinanders.

Gemeinsames Singen ist uncool.

MP3-Player sind auch

nicht mit Geburtstagsliedern gefüttert.

4.Gesamtschule 2005

Gefeiert werden nicht mehr Geburtstage,

sondern nur noch die Siege über die Schwächeren,

die sozial Benachteiligten, die Clique einer anderen Nationalität.

Lehrer wie Schüler sind Einzelkämpfer auf verlorenem Posten.

Einigkeit nur bei Eltern und Pädagogen:

Die Jugendlichen haben keine

Wertvorstellungen mehr…

Warum verbringen Jugendliche

in unserer lärmüberfluteten,

karriere-orientierten, gefühlsarmen Welt

soviel Zeit

mit der *SMS* – Schreiberei?

Steckt vielleicht hinter

mancher oberflächlichen Floskel

„*S*ave *M*y *S*oul" ?

Bei all unserem Gehetze,

Besitz anzuhäufen,

alles zu erwerben,

was uns die Medien

als unverzichtbar suggerieren

und nicht ein cooles Event

zu versäumen –

verpassen wir das Leben.

es

      könnte

          auch

             so

                sein:

DAS sind wir Wert!

Blauer Himmel

mit weißen Schönwetterwolken

grüne Blätter

am braunen Zweig

goldene Sonnenstrahlen

in bunter Wiese –

was brauchst du mehr?

Ein Freund,

der Leid teilen

und Freude verdoppeln kann:

die Musik.

Wellness

ist nicht

Mallorca,

mein Haus,

mein Rennpferd,

meine Yacht.

Wellness

ist die

kleine Blume am Wegesrand,

der Sonnenuntergang,

ein Lächeln,

jemandem etwas Gutes tun...

Das große Glück

ist

der kleine Frieden

in dir.

Dein Leben ist jetzt.

Heute und morgen.

Ob du es lebst oder nicht,

hängt von dir ab.

Versäum' es nicht.

Irgendwann begreift man,

das Kindheit und Alter

nur wenige Augenblicke trennen.

...

      aber

            leider

               nein!

Macht Euch die Erde untertan!

Stille über'm Meer,

der Mondschein zart und silbern.

Nur der Mensch zer – stört.

Der nächste Winter

kommt bestimmt.

Aber kommt auch noch

der nächste Frühling?

Aids - die Natur

greift den Fortpflanzungstrieb

der Menschen an.

Ein Versuch,

sich selbst zu retten?

Fernsehdokumentation über Orkas

Diese brutalen, unberechenbaren,
gefräßigen Raubtiere
lauern Thunfischen auf,
zerstückeln und töten sie,
reißen sie sogar Fischern von den Angeln,
um sie zu fressen!

All dies tun diese Bestien,
    - um ihren Hunger zu stillen,
    - um ihr Überleben zu sichern.

Die Fischer hassen diese Tiere,
denn sie erschweren ihre Arbeit,
Thunfischen aufzulauern,
sie zu töten, zu zerstückeln
und an Menschen
zum Fressen zu verkaufen.

All dies tun diese   ?,
    - um ihren Hunger zu stillen
    - um ihr Überleben zu sichern.

DER ZWECK HEILIGT DIE MITTEL...

Das ist

Beschleunigung par excellence :

nach 20 Millionen Jahren,

in denen Süßwasserdelphine existierten,

brauchte die Spezies Mensch

nur 60 Jahre, um sie

durch Verknappung ihres Lebensraumes

und Umweltverschmutzung

zugunsten der Technisierung

auszurotten.

Es lebe der Fortschritt!

Der Mensch erfindet Dinge,

die er nicht verstehen,

nicht verantworten

und nicht beherrschen kann.

Wie weit muss

die Entwicklung der Vernunft

hinter der des Verstandes

zurückgeblieben sein.

Habemus Bruno!

Wir haben wieder einen Braunbären!

Willkommen in Deutschland!

Fühl´ dich wie zu Hause –

aber benimm dich nicht so!

Das haben auch schon andere

mit dem Leben bezahlt.

Fortschritt

Die Bäume sterben

einen langsamen, qualvollen Tod.

Wie gut, dass Menschen Gasmasken haben.

Die Fische sterben

einen langsamen, qualvollen Tod.

Ihr Pech, dass sie im Wasser leben müssen.

Die Erde stirbt

einen langsamen, qualvollen Tod.

Wie schön, dass wir den Schmerz nicht spüren.

Die Menschen sterben

einen langsamen, qualvollen Tod.

Na und? Es gibt doch Roboter.

Unsere Wegwerfgesellschaft

ist wirklich

nur noch zum Wegwerfen.

Wie wäre es

mit dem praktischen

Wegwerfmenschen?

Je mehr Zeitaufwand betrieben wird

für den Fortschritt der Technik,

desto weniger bleibt für das Wesentliche:

Freundlichkeit, Hilfsbereitschaft,

Solidarität und Nächstenliebe.

Aufbruch in ein Jahrtausend

in dem Menschlichkeit zweitrangig wird?

Man hätte versuchen sollen,

den Verstand zu kultivieren

und nicht die Umgangsformen.

...

und

immer

öfter

so

...

Familienleben

„Das bisschen Haushalt

macht sich von allein!"

sagte der Ehemann;

und darum braucht er

auch nicht zu helfen.

Woher kommt eigentlich

das Wort „Haus-arbeit",

wenn diese Tätigkeit

doch weder

als Arbeit angesehen

noch bezahlt wird?

Wieso wird „er"
mit seinem Bierbauch
immer noch
als stattlicher Mann betitelt,
während „ihre" Rettungsringe
nach einer Diät schreien?

Wieso sind seine
grauen Schläfen würdig,
während ihr silbernes Haar
nur verrät,
dass sie alt geworden ist?

Wieso zeugen seine Falten
von Erfahrung und Lebensweisheit,
während sie mit ihrem
Plissee im Gesicht
doch endlich zum Liften gehen sollte?

Wieso diskutieren wir eigentlich
bis heute über Gleichberechtigung?

„Zwist"

Lag's an dir
oder lag's am Bier?

Wenn's am Bier lag,
lag's an dir.

In manchen Beziehungen

bedeutet Zweisamkeit

nicht mehr als

Einsamkeit [2].

Vertrauen?

Wenn das Eis schmilzt,

läuft man Gefahr,

einzubrechen.

Erfahrungen

„Ihr könnt mich doch anrufen, jederzeit",
sagt der Vater, mannhaft zu allem bereit.
„Ich werde euch immer zur Seite stehen,
auch wenn wir uns jetzt nicht mehr täglich sehn.
Aber was soll schon sein; ihr seid tapfer und groß, -
wie ihr alles versteht, das find ich famos!
Strengt euch in der Schule nur richtig an,
dann steht ihr auch im Leben euren Mann!

Natürlich, das Leben ist nicht immer nur schön.
Ich bin eben ein Mann, das müsst ihr verstehen!
Bloß Familie und Arbeit, dafür bin ich zu jung.
Es gibt noch was andres, ich brauch wieder Schwung!
Wenn ihr erst groß seid, begreift ihr das:
man braucht im Leben auch etwas Spaß!"

Die Kinder aber starrten ihn nur an.
Bestimmt war ihr Vater ein ganzer Mann.
Doch verstehen konnten sie nichts von allem.
Sie dachten nur: warum lässt Papa uns fallen?
Warum liebt er uns denn plötzlich nicht mehr?
Warum ist das Leben auf einmal so schwer?
Was haben wir wohl falsch gemacht?
Haben wir Mama und Papa auseinander gebracht?

Mit diesen Fragen werden sie lange leben.
Vielleicht können sie eines Tages vergeben.
Mit den Jahren werden sogar die Wunden verheilen, -
aber die Narben, die werden bleiben.

Früher war die Familie

in der Küche versammelt;

heute Mikrowelle, Küchenmaschine,

Gefrierkombination und Toaster.

Die Anzahl der

magersüchtigen Teenies steigt.

Liegt es vielleicht daran,

dass sie nur noch

SMess-en ?

Die gute Hausfrau

Als sie endlich Zeit gehabt hätte für sich,

war sie sich selbst abhanden gekommen.

‚Wer bin ich? Was bin ich? ‘ fragte sie sich.

Ihr Leben war unauffällig verronnen.

Lebte für die Kinder und des Mannes Karriere.

Nach ihren Wünschen hat sie niemand gefragt.

Und als sie wieder zu sich gekommen,

hat sie nicht mehr zu leben gewagt.

Sie fühlte sich ausgenutzt, alt und verbraucht.

Hatte vom großen Kuchen nichts abbekommen.

Und als sie allein war – um keinen zu stören –

hat sie sich das bisschen Leben genommen.

Der Geduldsfaden

muss manchmal

dicker sein

als eine Schiffstrosse.

Wie weit ist es her

mit unserer Menschlichkeit,

wenn immer wieder Menschen

den Tod

unserer Gesellschaft

vorziehen?

Viele Menschen

sprechen zu

verstorbenen Angehörigen

oder Freunden.

Schlimm ist nur,

wenn ihnen dabei

klar wird,

was sie zu deren

Lebzeiten

hätten sagen sollen.

Zu guter Letzt . . .

Ein englischer Rasen

ist Manchem wichtiger

als ein sauberes Unterhemd.

Allein mit meinen Gedanken

und einer Zeitung in einem Café sitzend,

aufgrund der Überschriften den Tsunami,

den Irak - Krieg und andere Widrigkeiten

des Lebens anhand meiner Kenntnisse

der Philosophie und Religionen reflektierend,

in der Hoffnung doch menschlich Unbegreifliches

zu verstehen und der Sinnfrage noch

ein Fünkchen Sinn zuzugestehen,

stoße ich beim Blättern auf den Satz von

Franz Kafka : Alles Wissen, die Gesamtheit

aller Fragen und Antworten,

sind im Hund enthalten.

Wenn ich **DAS** nur früher gewusst hätte!

„ SEIN ODER NICHT SEIN",

DACHTE SICH DIE ERBSE

UND KULLERTE

VON DER GABEL ...